AF259906

NOTICE
BIOGRAPHIQUE

SUR

M. JEAN-MARIE-VICTOR DAUPHIN DE VERNA,

Chevalier de la Légion d'Honneur,

ET DE L'ORDRE DE SAINT-GRÉGOIRE,

ANCIEN DÉPUTÉ, ANCIEN ADJOINT A LA MAIRIE DE LYON.

Il est de ces hommes dont la perte est une calamité pour toute une ville ; la dignité de leur vie, la noblesse de leur conduite, la bonté native de leur cœur, la simplicité de leurs mœurs, les vertus religieuses qui les ennoblissent encore plus que les plus belles qualités naturelles, tout, en un mot, les met autant au-dessus de leurs concitoyens, que le soleil l'emporte sur les autres astres. On les admire en même temps qu'on les estime, on les recherche pour s'éclairer de leurs conseils, on se glorifie de leur amitié, on s'honore de leur intimité : et quand ils viennent à disparaître, il faut bien des hommes pour les remplacer ; le vide qu'ils laissent après eux est long-temps à se combler ; on voudrait que la Providence leur donnât sur la terre l'immortalité pour prix de leurs vertus, et qu'ils vécussent toujours afin d'être, pour tant d'autres, un mo-

1841

dèle toujours vivant, un exemple à copier dans toute
les situations difficiles de la vie.

Tel fut M. Jean-Marie-Victor-Dauphin de Verna, noble
Lyonnais, que toute la cité regrettera long-temps et que
nous ne pouvons trop admirer. Homme profondément religieux, d'une foi pure, l'Evangile était la règle invariable
de ses actions ; ami de son pays, dévoué à sa patrie, il a
passé sa vie en faisant le bien ; attaché aux vieux principes
de la monarchie, sans méconnaître les grands enseigne-
mens de l'expérience, ni les sages progrès que peuvent en-
fanter les leçons de l'histoire pour le·bonheur et l'utilité
de la société, il resta fidèle au malheur, et saluait sur son
lit de mort des jours plus heureux, qu'il entrevoyait dans
un temps plus ou moins éloigné, pour sa chère patrie.

Issu d'une famille noble du Dauphiné, M. Victor de
Verna naquit en 1776 à Verna. Il partagea avec deux de
ses frères l'éducation chrétienne que leur donnait le vénérable abbé Dunant, mort il y a quelques années. Les pre-
miers germes de cette éducation religieuse ne furent jamais étouffés dans son cœur, et ne cessèrent de produire
des fruits de piété et de belles vertus. Tel nous l'avons
connu sur la fin de sa vie, tel il fut dans son jeune âge, et
c'est bien de lui que l'on peut dire avec l'Esprit saint :
Adolescens juxtà viam suam, etiam cum senuerit, non re-
cedet ab eâ.

Destiné à la marine, dès l'âge de 16 ans il alla faire ses
études préliminaires à l'école royale qui existait alors ; à
dix-sept ans, en qualité d'élève, il fit le voyage de Constanti-
nople et visita les vieilles ruines de la Grèce, si pleine de souvenirs. Le spectacle de cette terre, autrefois si fameuse, avait
tellement frappé sa jeune imagination que, dès le début
de sa carrière, déjà il s'était enthousiasmé pour les voya-
ges de long cours. Mais cette première pérégrination à
travers la Méditerranée devait être la dernière. A son re-

tour, il arrive à Toulon , il se rend à Marseille avec quelques jeunes officiers de son bord ; mais déjà l'horizon politique se couvrait de nuages qui portaient la plus effroyable tempête; déjà l'émeute et la sédition étaient à l'ordre du jour , les défenseurs de la patrie commençaient à ne plus être honorés , ils partageaient en cela la condition commune à tant d'autres citoyens. Les jeunes officiers furent publiquement insultés à Marseille ; Victor de Verna se dégoûta promptement du service, et accourut au sein de sa famille , croyant y trouver un sûr asile contre les factions diverses qui se disputaient alors la domination.

La révolution marchait son train; le sang de Louis XVI avait coulé sur l'échafaud , le plus vertueux des rois était allé dans le Ciel rejoindre son aïeul et prier pour la France. La fleur de la noblesse avait fui une terre qui dévorait ses enfans; le père de M. Victor de Verna, ainsi que son malheureux roi, avait porté sa tête sur l'échafaud , mais celui qui l'avait dénoncé et livré au tribunal révolutionnaire , à son tour allait être condamné à mort; le jeune de Verna, afin de venger son père assassiné, demande grâce pour le criminel dénonciateur ; il est assez heureux pour l'obtenir. Noble vengeance d'un cœur chrétien !

Cependant Lyon se disposait à mesurer ses armes contre la sanglante République. Précy réunissait sous son drapeau toute la jeunesse lyonnaise, le jeune de Verna entre dans le corps d'artillerie , fait des prodiges de valeur pendant le mémorable siége de Lyon , et est arrosé du sang de M. de Virieu , ami de sa famille , frappé par un boulet au moment où les braves Lyonnais travaillaient à leur dernier exploit près du château de la Duchère. Devenu prisonnier de l'armée républicaine, le jeune artilleur est jeté dans la prison de Roanne ; on n'y entrait alors que pour mourir ; mais la Providence veillait sur lui; un officier de l'armée républicaine, au cœur généreux, à l'âme forte, le reconnaît et facilite son évasion.

Le seul moyen de salut, dans ces temps orageux, c'était l'étendard de la République ; pour échapper au triangle d'acier, il fallait aller mourir d'une balle ennemie. Victor de Verna trouva un sûr asile dans l'armée des Alpes , et, après avoir été aide-marin , artilleur , il devint aide-médecin ; il aimait à raconter, avec une gaîté tout aimable, les soins qu'il donnait aux soldats , et surtout à de pauvres galeux, car c'était de ceux-ci qu'il avait été spécialement chargé.

Aussitôt que la paix fut revenue au sein de la patrie, il se hâta de rentrer en France , pour consoler sa famille de sa trop longue absence. En 1806 , il épousa sa cousine germaine, Mlle Ferrus de Vaudranges, dont le noble père, comme le sien, avait été une victime de la Terreur à Lyon. C'est alors que commença, pour M. de Verna, cette vie de vertus et de bienfaits qui l'ont fait remarquer par ses concitoyens , pendant sa trop courte carrière. Jeune encore, sa modestie le confinait dans les œuvres secrètes de la charité lyonnaise; il passait la plus belle partie de ses heures à rechercher les malheureux , à consoler les affligés , à visiter les pauvres. Que de fois on le vit , à l'ombre de la nuit, comme s'il fût allé commettre un crime, s'introduire furtivement, dans l'humble galetas de nos pauvres ouvriers! Là , un catéchisme à la main, il instruisait les ignorans et parlait du Ciel à ceux qui ne trouvaient que malheur sur la terre. Les temples de Jésus-Christ étaient ses lieux de délices , il s'y oubliait quelquefois dans les saints épanchemens de sa ferveur. Mais tout en rendant à son Dieu, qu'il aimait avant tout, les respectueux hommages de son cœur fidèle, il savait aussi rendre à la société, dont il était l'ornement, les devoirs que sa position sociale et sa naissance lui commandaient. Aimable dans sa conversation, il la soutenait par un atticisme de langage qui le rendait agréable aux plus exigeans, l'accompagnant toujours d'une douce gaîté qu'il devait au calme de son âme , et ne se permettant jamais le plus petit mot capable de blesser ceux qu'il regardait comme ses frères. Ami des lettres, il les cultivait avec bonheur, possédait beaucoup de livres du XVe siècle, et des écrits rares et précieux ; il se préparait ainsi à paraître bientôt sur un théâtre plus grand et plus digne de lui. Ami des arts, il réunissait, dans son château de Chintré, une riche collection de meubles antiques dont il faisait les honneurs avec une gracieuse bonté à tous ceux qui comme lui réunissaient à un goût sévère la connaissance spéciale de ces riches objets. Ami du peuple, il consacrait une grande partie de son temps à répandre des bienfaits parmi les ouvriers de notre ville ; dans ses terres, les paysans avaient pour lui une véritable et sincère vénération. C'était un jour de fête que celui où il paraissait au milieu d'eux ; on allait à sa rencontre, on se pressait autour de lui , les travaux étaient interrompus ; n'était-il pas la Providence visible de tous les malheureux ?

Tant de vertus ne pouvaient pas rester sous le boisseau. Cet homme de bien était fait par la Providence pour veiller aux intérêts d'une grande cité. Aussi, en 1826, la confiance du roi l'appela-t-elle à remplir le poste difficile et important de premier adjoint à la mairie de Lyon. Ce fut une joie pour tous les Lyonnais de voir M. Victor de Verna à côté de M. de Lacroix-Laval , présider aux destinées d'une ville industrieuse par excellence. A mesure que de nouveaux honneurs qu'il n'allait jamais chercher , ou que de nouveaux intérêts lui étaient confiés , son activité infatigable semblait se multiplier. Accessible à tous, aux pauvres comme aux riches, tous se louaient de son affabilité et de son obligeance, et quand il n'était pas assez heureux pour pouvoir se rendre aux prières qu'on lui adressait, aux faveurs que l'on sollicitait, on lui savait toujours gré de ses bonnes intentions. On aimait mieux, disait quelqu'un qui l'avait beaucoup connu, recevoir un refus de M. de Verna qu'une faveur d'un autre.

Cependant l'inquiétude se répandait dans les esprits, de tristes pressentimens annonçaient un malheur prochain, des esprits judicieux, sans être prophètes, voyaient de loin de nouvelles tempêtes menacer la patrie. Le vaisseau de l'état, ballotté par les orages, semblait devoir bientôt aller se briser contre un rocher. Il fallait des pilotes habiles pour le diriger à travers les écueils. Lyon fut appelé à une nouvelle élection pour la députation à la chambre législative. Les regards des hommes sages se dirigèrent aussitôt sur le plus digne parmi les dignes, et le nom de M. Victor de Verna sortit, le 10 mai 1828, de l'urne électorale.

Le *Constitutionnel* salua cette nomination de ses invectives et de sa colère; il avait raison; il ne pouvait trouver un plus rude adversaire de ses principes anti-monarchiques et anti-religieux. Entré à la chambre législative le 6 juin 1828, M. de Verna, dès le 15 juillet suivant, affrontait pour la première fois la tribune pour défendre les intérêts du commerce de la ville qui l'avait honoré de ses suffrages. Plus tard, dans une mémorable séance, au sujet de la dotation de la pairie, il s'écriait avec autant de vérité que d'éloquence, en parlant du roi : « Je voudrais que, sem-
» blable à l'astre qui servait d'emblème au grand roi, son
» aïeul, sa lumière éclatante allât se réfléchir sur ceux qui
» l'entourent; ce n'est pas assez d'adopter cette maxime
» de notre gouvernement constitutionnel : Tout bien vient
» du roi; je veux encore que le bien lui soit possible. »
Il ne parut que peu de fois à la tribune, mais il se fit écouter avec une attention que l'on accorde rarement à la plupart des orateurs. C'est qu'il avait été précédé à la

chambre d'une réputation justement acquise de probité, et la probité fait la véritable éloquence. *Vir probus dicendi peritus.* C'est dans le sein des commissions surtout que ses honorables collègues aimaient à s'éclairer de ses lumières et admiraient chaque jour davantage la rectitude de son jugement et la grandeur de ses vues.

Arrivait 1830, avec ses épouvantables événemens, année qui devait être si féconde en exemples de fidélité et d'apostasie, année qui enrichit la France d'une nouvelle gloire et d'une nouvelle conquête, l'Algérie ; mais année qui fut flétrie par la chute de trois royales couronnes. Le 23 avril, M. Victor de Verna, remplissant les fonctions de maire en l'absence de M. de Lacroix-Laval, annonçait, par une proclamation, à ses administrés, l'arrivée prochaine de S. A. R. le duc d'Angoulême qui, passant par Lyon, allait encourager de sa présence notre vaillante armée, réunie sous les murs de Toulon et prête à s'embarquer pour cueillir de nouveaux lauriers sur la terre d'Afrique. Trois mois à peine écoulés, M. de Verna s'attirait le respect de tous, et conquérait son plus beau titre de gloire par son énergique résistance à l'insurrection armée, dont les vociférations anarchiques venaient frapper ses oreilles et auraient épouvanté tout autre cœur que le sien. C'était le 3 août, l'insurrection triomphait à Paris. Le préfet du département du Rhône, le brave général Paultre de la Motte, commandant la 19e division militaire, avaient été obligés, pour éviter l'effusion du sang, de laisser la révolte maîtresse de la place ; M. de Verna, siégeant à l'Hôtel-de-Ville en qualité de maire, résistait encore ; en vain s'efforçait-on de lui faire abandonner le poste ; en vain des clameurs menaçantes se faisaient entendre : fidèle à son serment, calme au milieu de la tempête, il dictait au secrétaire de la mairie une énergique protestation contre la violence qui lui était faite ; et ce ne fut qu'après qu'il eut signé et fait signer, ce fut alors que des hommes égarés s'étant, *sans ordre et sans mission*, emparés de l'Hôtel-de-Ville et ayant usurpé les pouvoirs des fonctionnaires nommés par Charles **X**, souverain légitime , il se retira pour gémir dans le secret sur l'effroyable abus de la force, et sur les suites malheureuses des passions déchaînées. Nous devons le dire, à la gloire de M. de Verna, son noble caractère fut publiquement reconnu par ceux qui le violentèrent dans cette mémorable et triste journée. Nous n'en voulons pour preuve que ce passage tiré d'un récit des événemens qui signalèrent la révolution de juillet à Lyon. L'auteur ne sera pas suspect, puisqu'il fut un des principaux agens de l'insurrection lyonnaise. « On » doit rendre à M. de Verna cette justice, dit-il, qu'à la » différence des autres agens de l'autorité, ses collègues, » il sut allier la franchise à l'énergie de la résistance. At-» taché consciencieusement aux principes et aux chefs du » gouvernement qui succombait , il s'efforça de le défen-» dre avec tout le zèle et le dévoûment d'un homme » d'honneur, et sans l'arrière-pensée d'obtenir le pardon » ou la faveur du gouvernement qui allait lui succéder. » Une pareille conduite et de tels sentimens sont trop » rares de la part des hommes de la congrégation, pour » ne pas mériter l'approbation de ceux mêmes qui les ont » combattus. (1)» Certes, un témoignage pareil, rendu au milieu de l'effervescence des passions, est un éloge que nous ne pouvons trop admirer et qui nous donne la plus haute idée de l'homme qui en est l'objet.

Fidèle à ses principes, invariable dans son attachement à l'auguste famille injustement proscrite , M. de Verna abandonna la scène politique qu'il n'avait jamais ambitionnée, pour vivre dans le sein de sa famille et continuer le

(1) Morand.

cours de ses bienfaisantes œuvres. On l'avait vu, dans les dernières années de la Restauration, présider à Lyon l'association pour la défense de la Religion ; il nous semble encore l'entendre dans la réunion générale qui eut lieu dans les salons du palais archiépiscopal, électrisant tous ses auditeurs par les expressions chaleureuses que lui inspirait la vivacité de sa foi, et d'un ton aussi solennel que bien senti, prononçant ces paroles si dignes des enfans des Pothin et des Irénée : *Souvenons-nous qu'avant le martyre il y a le combat.* Fidèle à ce principe, en descendant du rang élevé où l'avaient porté et la confiance de son prince et la considération de ses concitoyens, il se fit soldat de J.-C. Uniquement occupé à répandre les bonnes doctrines par ses exemples et son ardente charité, sa vie désormais fut entièrement acquise aux bonnes œuvres et aux soins de sa nombreuse famille. Toutes les associations de bienfaisance voulaient l'avoir au moins pour membre et pour conseil quand elles ne pouvaient pas l'avoir pour président. Quels immenses services n'a-t-il pas rendus à l'admirable société de la Propagation-de-la-Foi, par son zèle sans bornes, son infatigable activité, et ses conseils pleins de sagesse ? Habitans des îles éloignées, nombreuses églises élevées au milieu de ces contrées lointaines, naguère plongées dans les ténèbres de l'erreur et de l'idolâtrie; modernes et courageux apôtres qui arrosez de vos sueurs et aussi de votre sang des champs jusqu'alors incultes et maintenant féconds pour la foi, pleurez, versez des larmes amères ; vous avez perdu votre père, en perdant votre plus charitable protecteur. Grégoire XVI, pour récompenser M. de Verna de son zèle pour les missions étrangères, lui envoya, il y a quelques années, l'ordre de St-Grégoire.

Ame de toutes les entreprises généreuses, M. de Verna les animait toutes de sa présence. C'est ainsi qu'il fut le premier à établir, dans notre ville, à l'instar de celle qui existait déjà, depuis quelques années, dans la capitale, l'œuvre régénératrice de St-François Régis. Que de mariages réhabilités aux yeux de l'Eglise et de l'Etat par ses soins! Que d'époux lui doivent le calme de leur conscience! Que de jeunes enfans lui doivent une position avouée dans la société! Dévoué de cœur aux bons Frères de la doctrine chrétienne chargés de l'éducation des enfans des pauvres, n'est-ce pas lui qui, aidé d'un autre chrétien, M. Rusand, leur procura, en 1835, par son ingénieuse charité, un local plus approprié à leurs besoins? Il les fit sortir de l'espèce de prison dans laquelle leur noviciat était enfermé, pour les placer dans l'ancienne maison de St-Lazare, où un air plus sain, des promenades ombragées et commodes peuvent fortifier des santés si précieuses à la religion et à la société. N'est-ce pas par ses conseils que les bons Frères ont fondé au milieu d'eux ce pensionnat de jeunes gens, si utile au commerce de notre ville, par l'enseignement religieux qu'on y prodigue et par la spécialité de l'instruction qu'on y donne? Et les clercs de Saint-Viateur, destinés à l'instruction des peuples des campagnes et aux soins des églises de nos villages, n'en fut-il pas le protecteur et le conseil? Pendant plus de vingt ans, fabricien de la paroisse de St-François, il ne cessa d'aider, en son administration temporelle, le vénérable curé de cette église.

Membre de l'administration de nos Hôpitaux, de celle de l'Antiquaille, où sont réunies de si grandes misères, il y consacra plusieurs années de sa vie, et y marqua son passage par de notables améliorations.

Admirable par son industrieuse charité, il était obligé d'y mettre des bornes; père d'une nombreuse famille, il pensait à l'avenir de ses enfans, mais sans préoccupation chagrine, et avec un saint abandon à la Providence. Ce qu'il ne pouvait par lui-même, il le faisait par les autres;

il frappait à la porte de riches, ses proches et ses amis, et ce qu'il obtenait par l'influence de son caractère et de ses vertus, il le portait dans le sein des pauvres, ou dans la caisse des œuvres qui éprouvaient de plus grands besoins. Ce n'étaient pas seulement ses concitoyens qui se ressentaient de son zèle et de sa charité affectueuse. Tous les malheureux avaient des droits sur son cœur.

La Vendée, la fidèle Vendée avait été obligée de ployer comme le reste de la France, sous le joug du gouvernement de juillet, malgré le dévoûment d'une royale princesse, malgré le courage de ses héros. Une multitude de braves avaient été obligés de fuir le sol de la patrie, d'autres languissaient dans les cachots et les bagnes en punition de leur fidélité malheureuse. Privés de secours, ils implorent, sans croire s'humilier, la charité de leurs amis de France : M. de Verna est là, son cœur, qui sympathisait si bien avec la vieille et nouvelle gloire de la Vendée, s'appitoie sur leur triste et honorable sort; il implore ses amis, il émeut leurs âmes au récit des malheurs de ces braves qui endurent le cruel tourment de la faim dans l'exil ou dans les prisons, et vient à bout de les soulager. D'autres soldats sont aussi proscrits, ils sont également fidèles et se croient plus heureux de souffrir avec leur roi prisonnier que de trahir la plus sainte des causes ; encore M. Victor de Verna pour les soulager! il donne, il donne toujours! Recueillant dans ses souvenirs la mémoire d'un prince infortuné, dont le fils royal faisait ses espérances, il semblait vouloir mettre en pratique la devise du duc de Berry : *Donnez, donnez, l'aumône porte bonheur.* Sa charité se montra encore d'une manière éclatante lorsqu'en 1832, l'affreux choléra semblait vouloir envahir notre cité. M. de Verna se trouvait dans sa campagne du Dauphiné, environné de sa famille et de quelques amis; on parlait des craintes que l'on éprouvait.

des préparatifs qui se faisaient à Lyon pour rendre moins funeste la cruelle et mystérieuse maladie. J'irai, disait-il, me mettre au service des malades, je me rappellerai mon ancien état d'aide-médecin. Mais vous êtes père de famille, vous êtes époux; assez d'autres jeunes gens charitables se dévoueront aux soins des malades, lui répliqua un de ses amis. —C'est vrai, dit-il, mais les autres, en remplissant leur devoir, ne me dispensent pas de remplir les miens; on se doit avant tout aux malheureux qui souffrent. Et puis quand je devrais mourir, ce serait avancer de quelques jours ou de peu d'années une vie qui approche de sa fin; ma tâche est faite, d'ailleurs, n'est-il pas beau de mourir sur le champ de bataille? Homme admirable, puissiez-vous avoir de nombreux imitateurs dans votre tendre amour pour vos frères !

Depuis la révolution de juillet, son cœur avait été abreuvé de chagrins cuisans; la mort semblait avoir planté son drapeau au milieu de sa famille et frappait chaque jour à coups redoublés; sa pieuse épouse, ses deux frères, une de ses filles chéries dont il avait uni le sort, depuis peu de temps, avec un jeune homme de son choix, furent tour à tour les victimes de la mort. Mais toujours tranquille et calme, sa foi chrétienne le soutenait au milieu de ces terribles catastrophes, et la douleur ne semblait qu'effleurer son âme, tant il était persuadé qu'il retrouverait, dans un monde meilleur, les êtres chéris que la main de Dieu attirait vers le ciel! Homme de prière, il trouvait sa force dans les épanchemens de son cœur avec son Dieu; souvent il passait une partie des nuits en saints colloques avec celui qui lui donnait tant de force, et sa pieuse épouse était obligée alors de lui rappeler que deux et souvent trois heures étaient sonnées, et qu'il était temps de prendre du repos. Dévoué à Marie, protectrice des Lyonnais, presque tous les samedis on le trouvait de bonne heure sur la route du saint pèlerinage de Fourvières, ou bien agenouillé au milieu des fidèles, confondu dans la foule, auprès des autels de la reine des Cieux. Malgré ses occupations multipliées, il trouvait tous les jours assez de temps pour aller adorer son Dieu auprès des saints tabernacles, et réciter l'office de la divine Marie avec la piété d'un saint. Un respectacle ecclésiastique, que l'église de Lyon regrettera long-temps, l'abbé Recorbet, vicaire-général, avait une si haute idée de la piété de M. de Verna qu'il disait un jour, en parlant de lui : « Si nous étions dans les temps heureux de la primitive église, où il était donné aux fidèles de choisir leur évêque, même dans la condition des laïques, ma voix serait pour M. de Verna, et elle ne serait pas la seule. »

Cependant une cruelle maladie minait sourdement ses forces ; dès la fin du mois de novembre de l'année dernière, il fut obligé de recourir à la science des médecins ; il ne reparut plus au milieu des assemblées de charité ; mais, de son lit de douleur, il donnait encore ses avis à ceux qui venaient le consulter et s'édifier de sa patience. Par une rare exception qui fut applaudie de tous sans réserve, S. E. le cardinal-archevêque permit que le saint sacrifice de la messe fût célébré plusieurs fois dans la chambre du saint malade. S. E. elle-même voulut y offrir le divin sacrifice pour la consolation de M. de Verna. Depuis le mois de décembre, toutes les âmes pieuses, toutes les communautés religieuses demandaient avec instance à Dieu la guérison de leur protecteur, de leur père, de leur ami. Mais, hélas ! le fruit était mûr pour le Ciel, la terre ne devait plus posséder celui qui avait répandu tant de bienfaits sur ses pas. Une consolation lui était réservée encore avant son dernier soupir : un fils, l'objet de sa tendresse, héritier de ses vertus, élevé au sacerdoce le 7 juin de cette année, célébra la première messe dans la chambre de son père, et le communia de sa main, le dimanche de la Trinité.

Le dernier moment de cet homme de bien approchait ; il avait fait promettre à sa respectable belle-sœur, qui lui prodiguait ses soins depuis le premier instant de sa maladie, qu'elle le préviendrait de sa mort prochaine, car il savait que le plus souvent les malades se font illusion et se croient encore éloignés de l'instant fatal, lorsque le dernier moment est déjà arrivé. Terrible mission cependant, mais un cœur croyant s'en acquitte avec héroïsme ; M. de Verna reçut de sa sœur chérie cette triste nouvelle comme celle d'une fête, il l'accueillit avec des larmes de reconnaissance, ne pensa plus qu'aux solennels préparatifs du grand voyage de l'éternité. Les derniers sacremens lui furent administrés ; il bénit ses enfans qui entouraient son lit funèbre ; le jeudi 17 juin, il entra dans sa dernière agonie, et le soir, à 6 heures, il rendait sa belle âme à son Créateur.

La nouvelle de cette mort se répandit dans la ville comme celle d'une soudaine calamité ; les pauvres le pleuraient, ses amis racontaient ses vertus; ses adversaires, car il n'avait point d'ennemis, se prenaient à le regretter. Tous, d'une voix unanime, avouaient publiquement que la ville venait de faire une perte immense.

Mais c'est à ses funérailles surtout que l'on put juger des regrets sincères et véritables qui accompagnaient sa mémoire. Toutes les classes de la société étaient représentées à cette solennité funèbre ; les députations de toutes les œuvres de charité dont il avait été membre, les frères de la doctrine chrétienne, les enfans des pauvres, les sœurs hospitalières du grand Hôtel-Dieu, celles de l'Antiquaille, des vieillards de la Charité, des ecclésiastiques, des négocians, des administrateurs des bureaux de bienfaisance, des avocats, des membres de la cour royale ; toutes les professions et toutes les conditions suivaient avec douleur le convoi de l'homme de bien. Le peuple en foule s'était porté au-devant du cortége, et par ses larmes, témoignait de sa vénération et de sa reconnaissance pour celui qui avait été le bienfaiteur de tant de malheureux. Nous avons entendu de nos oreilles des hommes et des femmes raconter, en versant des larmes, le bien qu'il leur avait fait.

Voilà l'homme que la Religion avait formé, que la Religion avait soutenu à toutes les époques si diverses de sa vie, que la Religion a consolé au dernier moment, que la Religion peut présenter en exemple à tous ses enfans, et que la Religion couronne dans le Ciel par l'éternel Rémunérateur de toutes les vertus.

Nous n'avons voulu faire ni un panégyrique, ni une oraison funèbre. Il devra sortir de ces pages un tout autre résultat que celui de vaines louanges prodiguées à un noble défunt. Quand on affecte de méconnaître la salutaire et féconde puissance du Catholicisme, nous sommes heureux et fier de montrer au monde combien un catholique pieux et tendre a été grand par sa piété même, grand par sa charité de chrétien, grand par son caractère politique, grand par une dignité de toutes les heures et de toutes les circonstances.

Voilà l'homme chrétien, l'homme politique, l'homme public, tel que la Religion l'a fait, tel que nos rangs peuvent seuls le montrer.

L'ABBÉ BEZ,
Chanoine d'honneur de Saint-Diez.

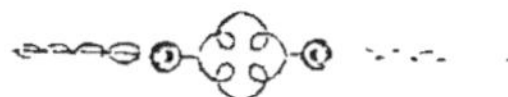

LYON, Imprimerie de PITRAT, rue de l'Archevêché, 3.